Dedication

This Parent Teacher Communication Journal Log is dedicated to all the teachers out there who make contact with their students' parents and want to document their findings in the process.

You are my inspiration for producing books and I'm honored to be a part of keeping all of your parent/ teacher notes and records organized.

This journal notebook will help you record your details about contacting your students' parents.

Thoughtfully put together with these sections to record:

Student Name, Parent Name, Date & Time, Phone Number, Email Information, Reason For Contact, Notes, and Action From The Contact.

How to Use this Book

The purpose of this book is to keep all of your Parent contact notes all in one place. It will help keep you organized.

This Parent Teacher Communication Journal will allow you to accurately document every detail about contacting parents. It's a great way to chart your course through a healthy relationship with your students' parents.

Here are examples of the prompts for you to fill in and write about your experience in this book:

1. **Student Name** - Write the student's name.

2. **Parent Name** - Record the parent's name.

3. **Date & Time** - Log the date and time contacted.

4. **Phone Number (Home Or Cell)** - Write their phone number.

5. **Email Information** - Record their email.

6. **Reason For The Contact** - Log the reason for the contact.

7. **Notes** - For writing your note about the contact.

8. **Action From The Contact** - Write the action that will be taken according to the meeting.

Contact Log

Student _____

Parent _____

Date _____ Time _____

Phone _____ Used? ☐

Email _____ Used? ☐

Reason for contact

Notes

Actions from contact

Contact Log

Student		
Parent		
Date	**Time**	
Phone	**Used?**	☐
Email	**Used?**	☐

Reason for contact

Notes

Actions from contact

Contact Log

Student

Parent

Date   **Time**

Phone   **Used?** ☐

Email   **Used?** ☐

Reason for contact

Notes

Actions from contact

Contact Log

Student	
Parent	
Date	**Time**
Phone	**Used?** ☐
Email	**Used?** ☐

Reason for contact

Notes

Actions from contact

Contact Log

Student	
Parent	
Date	Time
Phone	Used? ☐
Email	Used? ☐

Reason for contact

Notes

Actions from contact

Contact Log

Student

Parent

Date   **Time**

Phone   **Used?** ☐

Email   **Used?** ☐

Reason for contact

Notes

Actions from contact

Contact Log

Student _____

Parent _____

Date _____ **Time** _____

Phone _____ **Used?** ☐

Email _____ **Used?** ☐

Reason for contact

Notes

Actions from contact

Contact Log

Student	
Parent	

Date		Time	
Phone		Used?	☐
Email		Used?	☐

Reason for contact

Notes

Actions from contact

Contact Log

Student

Parent

Date   **Time**

Phone   **Used?** ☐

Email   **Used?** ☐

Reason for contact

Notes

Actions from contact

Contact Log

Student	
Parent	
Date	**Time**
Phone	**Used?** ☐
Email	**Used?** ☐

Reason for contact

Notes

Actions from contact

Contact Log

Student _____

Parent _____

Date _____ Time _____

Phone _____ Used? ☐

Email _____ Used? ☐

Reason for contact

Notes

Actions from contact

Contact Log

Student	
Parent	
Date	**Time**
Phone	**Used?** ☐
Email	**Used?** ☐

Reason for contact

Notes

Actions from contact

Contact Log

Student

Parent

Date   Time

Phone   Used?   ☐

Email   Used?   ☐

Reason for contact

Notes

Actions from contact

Contact Log

Student	
Parent	
Date	Time
Phone	Used? ☐
Email	Used? ☐

Reason for contact

Notes

Actions from contact

Contact Log

Student _____

Parent _____

Date _____ **Time** _____

Phone _____ **Used?** ☐

Email _____ **Used?** ☐

Reason for contact

Notes

Actions from contact

Contact Log

Student	
Parent	
Date	**Time**
Phone	**Used?** ☐
Email	**Used?** ☐

Reason for contact

Notes

Actions from contact

Contact Log

Student _____

Parent _____

Date _____ **Time** _____

Phone _____ **Used?** ☐

Email _____ **Used?** ☐

Reason for contact

Notes

Actions from contact

Contact Log

Student	
Parent	
Date	Time
Phone	Used? ☐
Email	Used? ☐

Reason for contact

Notes

Actions from contact

Contact Log

Student _____

Parent _____

Date _____ **Time** _____

Phone _____ **Used?** ☐

Email _____ **Used?** ☐

Reason for contact

Notes

Actions from contact

Contact Log

Student	
Parent	
Date	Time
Phone	Used? ☐
Email	Used? ☐

Reason for contact

Notes

Actions from contact

Contact Log

Student _____

Parent _____

Date _____ **Time** _____

Phone _____ **Used?** ☐

Email _____ **Used?** ☐

Reason for contact

Notes

Actions from contact

Contact Log

Student	
Parent	
Date	Time
Phone	Used? ☐
Email	Used? ☐

Reason for contact

Notes

Actions from contact

Contact Log

Student _____

Parent _____

Date _____ **Time** _____

Phone _____ **Used?** ☐

Email _____ **Used?** ☐

Reason for contact

Notes

Actions from contact

Contact Log

Student		
Parent		
Date	**Time**	
Phone	**Used?**	☐
Email	**Used?**	☐

Reason for contact

Notes

Actions from contact

Contact Log

Student _____

Parent _____

Date _____ Time _____

Phone _____ Used? ☐

Email _____ Used? ☐

Reason for contact

Notes

Actions from contact

Contact Log

Student _____

Parent _____

Date _____ **Time** _____

Phone _____ Used? ☐

Email _____ Used? ☐

Reason for contact

Notes

Actions from contact

Contact Log

Student

Parent

Date   **Time**

Phone   **Used?** ☐

Email   **Used?** ☐

Reason for contact

Notes

Actions from contact

Contact Log

Student _____

Parent _____

Date _____ Time _____

Phone _____ Used? ☐

Email _____ Used? ☐

Reason for contact

Notes

Actions from contact

Contact Log

Student

Parent

Date   Time

Phone   Used?   ☐

Email   Used?   ☐

Reason for contact

Notes

Actions from contact

Contact Log

Student _____

Parent _____

Date _____ **Time** _____

Phone _____ **Used?** ☐

Email _____ **Used?** ☐

Reason for contact

Notes

Actions from contact

Contact Log

Student _____

Parent _____

Date _____ **Time** _____

Phone _____ Used? ☐

Email _____ Used? ☐

Reason for contact

Notes

Actions from contact

Contact Log

Student _____

Parent _____

Date _____ Time _____

Phone _____ Used? ☐

Email _____ Used? ☐

Reason for contact

Notes

Actions from contact

Contact Log

Student	
Parent	
Date	Time
Phone	Used? ☐
Email	Used? ☐

Reason for contact

Notes

Actions from contact

Contact Log

Student	
Parent	
Date	Time
Phone	Used? ☐
Email	Used? ☐

Reason for contact

Notes

Actions from contact

Contact Log

Student	
Parent	
Date	Time
Phone	Used? ☐
Email	Used? ☐

Reason for contact

Notes

Actions from contact

Contact Log

Student _____

Parent _____

Date _____ Time _____

Phone _____ Used? ☐

Email _____ Used? ☐

Reason for contact

Notes

Actions from contact

Contact Log

Student

Parent

Date   Time

Phone   Used?   ☐

Email   Used?   ☐

Reason for contact

Notes

Actions from contact

Contact Log

Student	
Parent	
Date	Time
Phone	Used? ☐
Email	Used? ☐

Reason for contact

Notes

Actions from contact

Contact Log

Student

Parent

Date   Time

Phone   Used?   ☐

Email   Used?   ☐

Reason for contact

Notes

Actions from contact

Contact Log

Student

Parent

Date   Time

Phone   Used?   ☐

Email   Used?   ☐

Reason for contact

Notes

Actions from contact

Contact Log

Student _____

Parent _____

Date _____ **Time** _____

Phone _____ **Used?** ☐

Email _____ **Used?** ☐

Reason for contact

Notes

Actions from contact

Contact Log

Student	
Parent	
Date	Time
Phone	Used? ☐
Email	Used? ☐

Reason for contact

Notes

Actions from contact

Contact Log

Student

Parent

Date   **Time**

Phone   **Used?** ☐

Email   **Used?** ☐

Reason for contact

Notes

Actions from contact

Contact Log

Student _____

Parent _____

Date _____ Time _____

Phone _____ Used? ☐

Email _____ Used? ☐

Reason for contact

Notes

Actions from contact

Contact Log

Student		
Parent		
Date	**Time**	
Phone	**Used?**	☐
Email	**Used?**	☐

Reason for contact

Notes

Actions from contact

Contact Log

Student	
Parent	
Date	Time
Phone	Used? ☐
Email	Used? ☐

Reason for contact

Notes

Actions from contact

Contact Log

Student _____

Parent _____

Date _____ **Time** _____

Phone _____ **Used?** ☐

Email _____ **Used?** ☐

Reason for contact

Notes

Actions from contact

Contact Log

Student _____

Parent _____

Date _____ Time _____

Phone _____ Used? ☐

Email _____ Used? ☐

Reason for contact

Notes

Actions from contact

Contact Log

Student _____

Parent _____

Date _____ **Time** _____

Phone _____ Used? ☐

Email _____ Used? ☐

Reason for contact

Notes

Actions from contact

Contact Log

Student	
Parent	
Date	Time
Phone	Used? ☐
Email	Used? ☐

Reason for contact

Notes

Actions from contact

Contact Log

Student

Parent

Date   Time

Phone   Used? ☐

Email   Used? ☐

Reason for contact

Notes

Actions from contact

Contact Log

Student _____

Parent _____

Date _____ **Time** _____

Phone _____ **Used?** ☐

Email _____ **Used?** ☐

Reason for contact

Notes

Actions from contact

Contact Log

Student _____

Parent _____

Date _____ **Time** _____

Phone _____ **Used?** ☐

Email _____ **Used?** ☐

Reason for contact

Notes

Actions from contact

Contact Log

Student _____

Parent _____

Date _____ Time _____

Phone _____ Used? ☐

Email _____ Used? ☐

Reason for contact

Notes

Actions from contact

Contact Log

Student

Parent

Date   Time

Phone   Used? ☐

Email   Used? ☐

Reason for contact

Notes

Actions from contact

Contact Log

Student	
Parent	
Date	**Time**
Phone	**Used?** ☐
Email	**Used?** ☐

Reason for contact

Notes

Actions from contact

Contact Log

Student _____

Parent _____

Date _____   Time _____

Phone _____   Used? ☐

Email _____   Used? ☐

Reason for contact

Notes

Actions from contact

Contact Log

Student

Parent

Date   Time

Phone   Used?   ☐

Email   Used?   ☐

Reason for contact

Notes

Actions from contact

Contact Log

Student	
Parent	
Date	Time
Phone	Used? ☐
Email	Used? ☐

Reason for contact

Notes

Actions from contact

Contact Log

Student	
Parent	
Date	Time
Phone	Used? ☐
Email	Used? ☐

Reason for contact

Notes

Actions from contact

Contact Log

Student	
Parent	
Date	Time
Phone	Used? ☐
Email	Used? ☐

Reason for contact

Notes

Actions from contact

Contact Log

Student

Parent

Date   Time

Phone   Used?   ☐

Email   Used?   ☐

Reason for contact

Notes

Actions from contact

Contact Log

Student

Parent

Date   Time

Phone   Used?   ☐

Email   Used?   ☐

Reason for contact

Notes

Actions from contact

Contact Log

Student	
Parent	
Date	Time
Phone	Used? ☐
Email	Used? ☐

Reason for contact

Notes

Actions from contact

Contact Log

Student _____

Parent _____

Date _____ Time _____

Phone _____ Used? ☐

Email _____ Used? ☐

Reason for contact

Notes

Actions from contact

Contact Log

Student	
Parent	
Date	Time
Phone	Used? ☐
Email	Used? ☐

Reason for contact

Notes

Actions from contact

Contact Log

Student _____

Parent _____

Date _____ Time _____

Phone _____ Used? ☐

Email _____ Used? ☐

Reason for contact

Notes

Actions from contact

Contact Log

Student _____

Parent _____

Date _____ Time _____

Phone _____ Used? ☐

Email _____ Used? ☐

Reason for contact

Notes

Actions from contact

Contact Log

Student _____

Parent _____

Date _____ Time _____

Phone _____ Used? ☐

Email _____ Used? ☐

Reason for contact

Notes

Actions from contact

Contact Log

Student

Parent

Date   **Time**

Phone   **Used?** ☐

Email   **Used?** ☐

Reason for contact

Notes

Actions from contact

Contact Log

Student	
Parent	
Date	Time
Phone	Used? ☐
Email	Used? ☐

Reason for contact

Notes

Actions from contact

Contact Log

Student _____

Parent _____

Date _____ Time _____

Phone _____ Used? ☐

Email _____ Used? ☐

Reason for contact

Notes

Actions from contact

Contact Log

Student

Parent

Date   **Time**

Phone   **Used?** ☐

Email   **Used?** ☐

Reason for contact

Notes

Actions from contact

Contact Log

Student

Parent

Date _____ **Time** _____

Phone _____ **Used?** ☐

Email _____ **Used?** ☐

Reason for contact

Notes

Actions from contact

Contact Log

Student _____

Parent _____

Date _____ Time _____

Phone _____ Used? ☐

Email _____ Used? ☐

Reason for contact

Notes

Actions from contact

Contact Log

Student	
Parent	
Date	Time
Phone	Used? ☐
Email	Used? ☐

Reason for contact

Notes

Actions from contact

Contact Log

Student	
Parent	
Date	Time
Phone	Used? ☐
Email	Used? ☐

Reason for contact

Notes

Actions from contact

Contact Log

Student

Parent

Date   Time

Phone   Used?   ☐

Email   Used?   ☐

Reason for contact

Notes

Actions from contact

Contact Log

Student _____

Parent _____

Date _____ **Time** _____

Phone _____ Used? ☐

Email _____ Used? ☐

Reason for contact

Notes

Actions from contact

Contact Log

Student	
Parent	
Date	**Time**
Phone	**Used?** ☐
Email	**Used?** ☐

Reason for contact

Notes

Actions from contact

Contact Log

Student _____

Parent _____

Date _____ Time _____

Phone _____ Used? ☐

Email _____ Used? ☐

Reason for contact

Notes

Actions from contact

Contact Log

Student

Parent

Date **Time**

Phone **Used?** ☐

Email **Used?** ☐

Reason for contact

Notes

Actions from contact

Contact Log

Student _____

Parent _____

Date _____ **Time** _____

Phone _____ **Used?** ☐

Email _____ **Used?** ☐

Reason for contact

Notes

Actions from contact

Contact Log

Student _____

Parent _____

Date _____ Time _____

Phone _____ Used? ☐

Email _____ Used? ☐

Reason for contact

Notes

Actions from contact

Contact Log

Student	
Parent	
Date	Time
Phone	Used? ☐
Email	Used? ☐

Reason for contact

Notes

Actions from contact

Contact Log

Student _____

Parent _____

Date _____ **Time** _____

Phone _____ **Used?** ☐

Email _____ **Used?** ☐

Reason for contact

Notes

Actions from contact

Contact Log

Student

Parent

Date   Time

Phone   Used?   ☐

Email   Used?   ☐

Reason for contact

Notes

Actions from contact

Contact Log

Student	
Parent	
Date	Time
Phone	Used? ☐
Email	Used? ☐

Reason for contact

Notes

Actions from contact

Contact Log

Student _____

Parent _____

Date _____ **Time** _____

Phone _____ **Used?** ☐

Email _____ **Used?** ☐

Reason for contact

Notes

Actions from contact

Contact Log

Student _____

Parent _____

Date _____ Time _____

Phone _____ Used? ☐

Email _____ Used? ☐

Reason for contact

Notes

Actions from contact

Contact Log

Student _____

Parent _____

Date _____ Time _____

Phone _____ Used? ☐

Email _____ Used? ☐

Reason for contact

Notes

Actions from contact

Contact Log

Student

Parent

Date   **Time**

Phone   **Used?** ☐

Email   **Used?** ☐

Reason for contact

Notes

Actions from contact

Contact Log

Student

Parent

Date   Time

Phone   Used?   ☐

Email   Used?   ☐

Reason for contact

Notes

Actions from contact

Contact Log

Student		
Parent		
Date	**Time**	
Phone	**Used?**	☐
Email	**Used?**	☐

Reason for contact

Notes

Actions from contact

Contact Log

Student _____

Parent _____

Date _____ Time _____

Phone _____ Used? ☐

Email _____ Used? ☐

Reason for contact

Notes

Actions from contact

Contact Log

Student	
Parent	
Date	Time
Phone	Used? ☐
Email	Used? ☐

Reason for contact

Notes

Actions from contact

Contact Log

Student	
Parent	
Date	Time
Phone	Used? ☐
Email	Used? ☐

Reason for contact

Notes

Actions from contact

Contact Log

Student	
Parent	
Date	Time
Phone	Used? ☐
Email	Used? ☐

Reason for contact

Notes

Actions from contact

Contact Log

Student _____

Parent _____

Date _____ **Time** _____

Phone _____ Used? ☐

Email _____ Used? ☐

Reason for contact

Notes

Actions from contact

Contact Log

Student	
Parent	
Date	Time
Phone	Used? ☐
Email	Used? ☐

Reason for contact

Notes

Actions from contact

Contact Log

Student _____

Parent _____

Date _____ Time

Phone _____ Used? ☐

Email _____ Used? ☐

Reason for contact

Notes

Actions from contact

Contact Log

Student

Parent

Date _____ **Time** _____

Phone _____ **Used?** ☐

Email _____ **Used?** ☐

Reason for contact

Notes

Actions from contact

Contact Log

Student

Parent

Date Time

Phone Used? ☐

Email Used? ☐

Reason for contact

Notes

Actions from contact

Contact Log

Student _____

Parent _____

Date _____ Time _____

Phone _____ Used? ☐

Email _____ Used? ☐

Reason for contact

Notes

Actions from contact

Contact Log

Student

Parent

Date   Time

Phone   Used?   ☐

Email   Used?   ☐

Reason for contact

Notes

Actions from contact

Contact Log

Student	
Parent	
Date	Time
Phone	Used? ☐
Email	Used? ☐

Reason for contact

Notes

Actions from contact

Contact Log

Student

Parent

Date   Time

Phone   Used? ☐

Email   Used? ☐

Reason for contact

Notes

Actions from contact

Contact Log

Student _____

Parent _____

Date _____ Time _____

Phone _____ Used? ☐

Email _____ Used? ☐

Reason for contact

Notes

Actions from contact

Contact Log

Student

Parent

Date   **Time**

Phone   **Used?** ☐

Email   **Used?** ☐

Reason for contact

Notes

Actions from contact

Contact Log

Student _____

Parent _____

Date _____ Time _____

Phone _____ Used? ☐

Email _____ Used? ☐

Reason for contact

Notes

Actions from contact

Contact Log

Student	
Parent	
Date	Time
Phone	Used? ☐
Email	Used? ☐

Reason for contact

Notes

Actions from contact

Contact Log

Student _____

Parent _____

Date _____ **Time** _____

Phone _____ **Used?** ☐

Email _____ **Used?** ☐

Reason for contact

Notes

Actions from contact

Contact Log

Student	
Parent	
Date	Time
Phone	Used? ☐
Email	Used? ☐

Reason for contact

Notes

Actions from contact

Contact Log

Student _____

Parent _____

Date _____ **Time** _____

Phone _____ **Used?** ☐

Email _____ **Used?** ☐

Reason for contact

Notes

Actions from contact

Contact Log

Student	
Parent	
Date	Time
Phone	Used? ☐
Email	Used? ☐

Reason for contact

Notes

Actions from contact

Contact Log

Student	
Parent	
Date	Time
Phone	Used? ☐
Email	Used? ☐

Reason for contact

Notes

Actions from contact

Contact Log

Student _____

Parent _____

Date _____ Time _____

Phone _____ Used? ☐

Email _____ Used? ☐

Reason for contact

Notes

Actions from contact

Contact Log

Student _____

Parent _____

Date _____ Time _____

Phone _____ Used? ☐

Email _____ Used? ☐

Reason for contact

Notes

Actions from contact

Contact Log

Student	
Parent	
Date	Time
Phone	Used? ☐
Email	Used? ☐

Reason for contact

Notes

Actions from contact

Contact Log

Student	
Parent	
Date	**Time**
Phone	**Used?** ☐
Email	**Used?** ☐

Reason for contact

Notes

Actions from contact

www.ingramcontent.com/pod-product-compliance
Lightning Source LLC
Chambersburg PA
CBHW051027030426
42336CB00015B/2753